Artúr Görgey

Briefe ohne Adresse

Artúr Görgey

Briefe ohne Adresse

ISBN/EAN: 9783744690591

Hergestellt in Europa, USA, Kanada, Australien, Japan

Cover: Foto ©ninafisch / pixelio.de

Weitere Bücher finden Sie auf **www.hansebooks.com**

Briefe ohne Adresse

von

Arthur Görgei.

Deutsche Originalausgabe,

im Auftrage des Verfassers aus dem ungarischen Originalmanuscript übersetzt.

Leipzig:

F. A. Brockhaus.

1867.

Vorwort.

Was konnte natürlicher sein, als daß die Nation mich
— den am Leben Gebliebenen — angesichts der Richtstätten
von Arad und Pesth zum Vaterlandsverräther stempelte,
nachdem sie jene der Waffenstreckung von Világos voran=
gegangenen und sie begleitenden angeblichen Umstände für
nicht erdichtete genommen, jene Umstände, deren Ruf durch
die Partei des auf türkischen Boden geflüchteten Gouverneurs
im Lande verbreitet worden!

Nach kurzer Zeit stand nur hier und da noch einer
oder der andere minder Leichtgläubige für mich ein, trotzdem
ihm das Geheimniß meiner Internirung hierher nach Kärnten
ebenso unerklärlich war und blieb wie mir selbst. Und bald
ermüdet vom ungleichen Kampfe und ihrer Verlassenheit über=
drüssig, forderten meine Freunde mich auf, ich selbst solle
öffentlich auftreten, jene Gerüchte zu widerlegen.

Und ich entschloß mich endlich hierzu.

Meines Wissens habe ich als wahr nichts Unwahres behauptet; wie denn auch, bisher wenigstens, niemand sich gefunden, der im Stande gewesen wäre, aus der gesammten Masse wichtiger Geschichtsthatsachen, welche ich in meinem Buche, betitelt: „Mein Leben und Wirken in Ungarn in den Jahren 1848 und 1849" (Leipzig, F. A. Brockhaus, 1852), entschieden als richtig hingestellt, mit ernster Begründung auch nur eine einzige abzuschwächen, obschon es viele geben mag, die an meinen Worten herzlich gern etwas auszusetzen fänden.

Nichtsdestoweniger wurde ich nach dem Erscheinen meines Buches zum Gegenstande immer häufigerer systematischer, ja erbitterter Angriffe, während das Häuflein derer, die von Beginn an mit offenem Visir für mich gekämpft hatten, sichtlich schwand.

Und ich gestehe — ich entsetzte mich ob dieser Erfahrung; denn noch wußte ich damals nicht:

daß jede geschichtliche Katastrophe ihre individuellen Opfer fordert (nicht nur im physischen Sinne genommen);

daß ein Volk für jede fern in seine Zukunft hin wirkende unglückliche Wendung seines Geschickes immer nur einzelne verantwortlich machen kann, weil in dem Augenblicke, wo es als concretes Ich sich selbst anschuldigen wollte, es den Lebensfaden seines eigenen nationalen Seins entzweirisse.

Ich wußte damals noch nicht, daß es eben aus diesem Grunde gewissermaßen Pflicht eines jeden klugen und weisen Volksführers sei, bei zeiten sich um einen passenden Sündenbock der eventuell nicht mehr zu vermeidenden Katastrophe vorsorglich umzusehen (als Wetterableiter), wär's auch nur

zu dem Ende, damit das Volk in den schweren der Kata=
strophe folgenden Tagen des schon gewohnten Führers nicht
entbehre.

Endlich fiel es mir damals nicht auf, welch absurdes
Verlangen es meinerseits war, daß der Kranke die mehr denn
bittere Pille aus der Hand eines Arztes nehme, den er nicht
nur nicht hätte rufen lassen, — den er vielmehr dem all=
gemeinen Gerüchte nach für einen Giftmischer hielt.

———

Ich hätte mit der Herausgabe meines Buches nicht so
sehr eilen sollen.

Sehr wahr! Allein . . . . . . die Pflicht des Familien=
vaters ist auch eine . . . . . . Ohne Vermögen, wie ich bin,
sah ich mich an einem Punkte angelangt, wo für den Lebens=
unterhalt der Meinen etwas geschehen mußte. . . . .

Wol bemühte ich mich um anderweitigen rechtschaffenen
Erwerb, wovon ich in meiner verlassenen Lage mit meiner
Familie leben könnte. Allein selbst nach vielfältigem Be=
mühen — alles vergebens!

Jenen Privaten, bei welchen ich angeklopft habe, darf
es kaum übel genommen werden, daß sie mich mit guter
Art abgewiesen. Billigerweise muß man erwägen, welch
heikelige und ungelegene Sache für einen Privatmann von
achtbarer Stellung es ist (besonders in Oesterreich), sich mit
einem unter Polizeiaufsicht internirten Individuum in welch
immer geschäftliche Verbindung von voraussichtlich längerer
Dauer einzulassen.

Irgendeinem meiner Freunde zur Last fallen — wollte
ich nicht. Indessen zu jener Zeit würde ich dies, selbst wenn
ich es gewollt hätte, nicht gekonnt haben, weil ich unter den
mir noch am Leben und in Freiheit verbliebenen Freunden
auch nicht einen einzigen wußte, der nicht selbst mit ähn=
lichen Widerwärtigkeiten des Lebens zu kämpfen hatte.

Wegen des nöthigen Unterhaltes mich an die Regierung
zu wenden, widerstrebte meinen innersten Gefühlen.

Mein Buch war geschrieben. . . . Ein Verleger trug sich
mir von selbst an. . . .

Allein — aufrichtig gesagt — der Gedanke, mittelbar
aus dem Unglücke meiner Nation Nutzen zu ziehen, ließ mich
selbst mit der Herausgabe meines Buches einige Zeit zögern.
Leider konnte ich dies wegen meiner drückenden Lage nicht
so lange, als es das „nonum prematur in annum" ver=
langt hätte.

Sonst würde mein Buch nicht in deutscher Sprache, und
nicht in jener an und für sich zwar berechtigten, aber keines=
wegs zum Ziele führenden Art und Weise, sondern in un=
garischer Sprache und in einem selbst den Gegner möglichst
schonenden Geiste geschrieben erschienen sein, welcher Geist
überdies, ich gestehe es ein, auch der Großartigkeit des Gegen=
standes besser entsprochen haben würde.

Wer unter meinen geneigten Lesern etwa noch immer
Rache spinnt, weil ich ihm die Wahrheit etwas zu derb ge=
sagt habe, möge sich immerhin beruhigen. Er ist hinläng=
lich gerächt, wäre es auch nur dadurch, daß ich ein paar
Jahre nach dem Erscheinen meines Buches (mit dem Ver=
siegen des Honorars) das zu thun gezwungen ward, was

mir am schwersten fiel, nämlich, mich an die Regierung zu wenden, damit ich meine Familie erhalten könne.

Meine Freunde hingegen mögen mich ob dieses Schrittes nicht falsch beurtheilen; denn einzig und allein der Familien= vater, dem die Hände gebunden waren, hat diesen wirklich peinlichen Schritt gethan: der politische Charakter blieb davon unberührt.

Da ich nun einmal weder jener Teufels=Halbgott, noch jener Halbgott=Teufel bin, als welchen mich abwechselnd ein in Genf erschienenes dreibändiges ungarisches Werk hinstellt, so bedurfte ich nicht geringer Zeit, um alles dessen inne zu werden, was mir, wie soeben erwähnt, zur Zeit des Er= scheinens meines Buches noch nicht eingeleuchtet hatte.

Inzwischen reiften die Früchte der das Leben der Nation tollwüthig anfallenden Politik des „einigen Oesterreich".

Ich erlebte Solferino;

erlebte die urplötzliche, gleichsam instinctive Wiederbekeh= rung der Nation (am Grabe Szécheny̆i's) zu ihrem politischen Glauben vom Jahre 1848, welchen sie, meines Erachtens, nie hätte verlassen sollen;

erlebte den Reichstag 1861 mit seiner nun doch wie= derum zu 49ger Ideen hinneigenden (inwendigen) Majorität;

dann endlich erlebte ich's auch, daß ich selbst zu ent= sagen, — wie drückend schwer auch das Geschick auf mir laste — mich drein zu ergeben gelernt.

Und in der That, ich habe entsagt, ich habe mich drein ergeben.

Ich will, solange ich lebe, keinen Anspruch mehr er-
heben — sei es auf Anerkennung meiner Leistungen in den
Jahren 1848/49, — meiner lautern Absichten und Bestre-
bungen, — sei es auf Berichtigung der über den patriotischen
Werth derselben seit den Hinrichtungen von Arad und Pesth
bis auf den heutigen Tag allgemein mundgerecht verbliebenen
Ansichten, — sei es auf Wiederherstellung meines hierdurch
vernichteten guten Leumundes als Patriot. Alles was ich
wünsche ist: daß man von alledem, was man mir im Vater-
lande nachträgt, meine Kinder nichts entgelten lasse.

Jedoch nur so viel, und ja nicht mehr, möge der geneigte Leser unter dem, was ich mein Entsagen nenne, verstehen; er müßte sonst wieder Täuschungen anheimfallen,
wie etwa damals, als er von mir erwartete, daß ich (die
verletzende Weise ausgenommen) auch nur das Geringste
verdamme oder widerrufe von alledem, was ich in meinem
Buche über die Anwerbung Dembinski's, — den Beschluß
vom 14. April und das officielle Prahlen mit auswärtiger
Hülfe, — die Concentrirung der Südarmee in der Richtung
von Szegedin und nicht von Komorn, — die geheime Ernennung Bem's zum Oberfeldherrn, — die den Russen ge-
machten Friedensanträge, — das araber Abschiedsproclam
des Gouverneurs und dgl. mehr, — wie über die wahren
Ursachen und den Werth alles dessen ausgesprochen.

Vielmehr wird in mir — nun ich, wie es scheint, daheim,
was meinen Ruf betrifft, nichts mehr zu verlieren und nichts
mehr zu hoffen habe — nur desto freier die Eine Ueberzeugung walten und mich, soweit meine Kräfte reichen, in allen
Handlungen bestimmen, daß bei einzelnen Individuen wie

bei gesammten Völkern selbstbewußtes lebenskräftiges Streben nur auf dem Baume der Erkenntniß gedeiht.

———

Während der geneigte Leser dieses Schriftchen durchblät=
tert, könnte in ihm die Frage auftauchen, was mich wol
seit dem Erscheinen meines Buches bis zum heutigen Tage von
jeder öffentlichen Aeußerung abgehalten haben mochte.

Nichts anderes als mein patriotisches Pflichtgefühl.

Wie wenig ich auch im Stande gewesen (und es noch
heute bin), die solide Grundlage, — das die Nation befrie=
digende mögliche Endziel der im Jahre 1849 inaugurirten
ungarischen Politik zu entdecken: — dennoch mußte ich als
Ungar sie annehmbarer finden als den unserer Nation —
als staatsbildenden — in der Verwirkungstheorie drohenden
sichern Untergang.

Dies zugegeben: was konnte ich, während gegen die
den Begriff des ungarischen Staates vom Jahre 1848 zu
beseitigen strebende Verwirkungstheorie die gesammte Nation
vereint, und zwar scheinbar unter der Führerschaft unserer
Neunundvierziger (ich meine den Zeitraum von der Steuer=
verweigerung bis zum Osterartikel) ankämpfte, — Besseres
thun, als schweigen? — schweigen, damit ein wenn auch noch
so winziger, immer doch jedenfalls Ein Grund weniger zur
Entzweiung zwischen Ungar und Ungar vorhanden sei?

Heute indessen stehen wir, Gott sei Dank! anders.

Das besiegte 1848 hat allmählich nach beiden Seiten
hin seine einstigen Sieger (den Herrscher wie die Neunund=
vierziger) für sich gewonnen und ist auf dem Wege, eine
Wahrheit zu werden.

Angesichts dieser Thatsachen nun, zugleich aber auch
angesichts unsers 1849ger gemeinschaftlichen Unterliegens;

angesichts ferner der selbst 1859 fehlgeschlagenen Wie=
dererstehungsversuche;

angesichts endlich jener bedauerlichen Täuschungen, wel=
chen nach Königgrätz so mancher unserer verdienstvollen Lands=
leute anheimgefallen (siehe Resurgam 3): kann unsere 49ger
Politik sich als etwas anderes erweisen, denn als ein Phan=
tasiegebilde ohne Knochen, Fleisch und Blut?

Wer trotzdem für dieses schwärmen will, der thue es
immerhin. Er thue es unerschrocken, thue es aus der Tiefe
seines Herzens; doch er hüte sich dabei vor der Anwendung
des fluchwürdigen Hülfsmittels der Entstellung der That=
sachen — der Volkstäuschung! Und es mögen sich vor der
Anwendung solcher Mittel auch jene hüten, die etwa — vom
Geiste der Opposition quandmême getrieben, wahrscheinlich
gar nicht ahnen, wohin am Ende ihre Richtung ohne Kom=
paß — führt.

Denn wir alle, die wir nicht für dieses Phantasiegebilde
schwärmen, werden von nun an es für unsere Pflicht halten,
solchem Vorgehen mit sehr gründlichen Aufklärungen — ein
jeder nach seinen Kräften — entgegenzutreten.

———

Magyar Ujság beginnt den Leitartikel ihrer Nummer
vom 7. April l. J. mit folgenden Sätzen:

„Der heiße Wunsch der österreichischen Regierung, daß
der Entwurf, betreffend die gemeinsamen Angelegenheiten,
angenommen werde, ist in Erfüllung gegangen.

„Die bewaffnete Capitulation von Vilàgos hat zur Rettung Oesterreichs nicht genügt.

„Wir glauben nicht, daß hierzu auch die staatsrecht=
liche Capitulation der ungarischen Nation eine unabweisliche
Nothwendigkeit wäre.“

Aus dieser, zwischen der Annahme des genannten Ent=
wurfes und der Waffenstreckung von Vilàgos gezogenen Par=
allele leuchtet die Absicht der Magyar Ujság hervor, im
ganzen Lande unter denen, welche den Entwurf selbständig
zu beurtheilen nicht vermögen, die möglichst ungünstige An=
sicht über denselben zu verbreiten.

Um der Magyar Ujság dieses ihr Bestreben, soweit es
in meinen Kräften steht, zu erschweren, theile ich im Folgen=
den mehrere Briefe mit, welche ohne Adresse geblieben, und
deren Genesis folgende:

Im Jahre 1862 wollte es der Zufall, daß ich den
eigenthümlichen Gedankengang kennen lernte, welcher bei der
die Waffenstreckung von Vilàgos so schonungslos verurthei=
lenden ungarischen Emigration hierüber gäng und gebe.

Hieraus entspannen sich nun, wie natürlich, wiederholt
längere mündliche Erörterungen, wodurch der Gegenstand von
allen Seiten möglichst beleuchtet wurde.

Mir aber schien es interessant, sobald die Debatte über
einen der Anklagepunkte geschlossen war, die beiderseits auf=
getauchten Argumente und sonstigen Auslassungen ein jedes
mal in vertraulicher Brieform zusammenzustellen.

Es sind nun fünfthalb Jahre her, seit diese Briefe
geschrieben.

Ich hatte damals jene qualvollen Seelenkämpfe, deren
Ergebniß meine Resignation, schon hinter mir. Daher kommt

es, daß ich an dem Tone, in welchem die Briefe gehalten, auch heute nichts ändere. Und sollte der geneigte Leser etwas daran auszusetzen finden, so übe er freundliche Nachsicht.

Kränken ist nicht meine Absicht, nur aufklären, — höchstens warnen dort, wo dies zu thun patriotische Pflicht.

Viktring, 29. April 1867.

Arthur Görgei.

Briefe ohne Adresse.

„ Le châtiment non mérité est une gloire.“

DEFOË, „Au pilori“.

„Il y a des principes, qui rendent parti indestruisible.“

A. MOREL.

I.

Világos.

Viktring, 23. Sept. 1862.

Die Frage, ob ich der Waffenstreckung nicht den Uebergang auf türkisches Gebiet vorgezogen haben würde, wenn ich hätte voraussehen können, was nach — und (wie allgemein behauptet wird) infolge derselben in Ungarn geschehen ist? — diese Frage halte ich für eine unberechtigte und nicht loyale.

Sie ist nicht berechtigt — weil die Waffenstreckung keineswegs das Resultat eines politischen Calculs war, sondern einzig und allein das Ergebniß der verzweifelten Wahl zwischen dem physischen Untergange auf heimatlicher Erde und dem physischen und moralischen zugleich in der Fremde. Ein Drittes gab es nicht.

Jene Frage ist jedoch ebenso wenig loyal — am aller=

wenigsten dann, wenn sie mir in wohlwollender Absicht ge=
stellt wird.

Die — angenommen — wohlwollende Absicht wäre
keine andere, als mich in der Meinung der Nation zu reha=
bilitiren. — Wissen meine Freunde kein anderes Mittel hierzu
als das meiner Erniedrigung vor mir selbst, indem ich mit
geschlossenen Augen einen Caufalnexus zwischen der Waffen=
streckung und den darauffolgenden Großthaten der wiener
Regierung anerkenne, welchen das offene Auge des Forschers
vergebens sucht?

Mögen meine Freunde eine Zumuthung aufgeben, auf
welche einzugehen mir mein Selbstgefühl verbietet.

Soll mir das Glück der Absolution von allen mir an=
gedichteten Unterlassungsfünden vor dem Forum der Zeit=
genossenschaft nur um den Preis eines heuchlerischen „mea
culpa" werden, so muß ich darauf verzichten.

Aber indem ich alle Folgen eines ungerechten Urtheils=
spruches dieser Spanne Zeit über mich ergehen lasse, appel=
lire ich an das Forum jener zweiten Spanne Zeit, welche in
der Geschichte meines Vaterlandes zu leben mir vergönnt
sein wird.

Die Discutirung der Frage, so wie sie oben gestellt ist
und wie selbe mir factisch wiederholt gestellt worden, —
wäre auch ganz unfruchtbar.

Denn — stellt ihr mich heute wieder unter denselben
Umständen zwischen Orsova und Világos, so wird sich zwi=
schen mir und Orsova wieder dasselbe unüberwindliche

Hinderniß finden. Und dieses Hinderniß wird abermals nicht die kaiserlich österreichische Armee — sondern heute wie vor 13 Jahren nur die Zauberformel sein:

„Itt élned halnod kell.“ *)

Daß sich diese Zauberformel an mir persönlich bis heute nicht erfüllte, ist weder mein Verdienst noch meine Schuld.

---

*) Vörösmarty. — „Hier sollst du leben — sterben.“

Der Uebersetzer.

II.

Causalnexus.

Viktring, 24. Sept. 1862.

Ich las in Ihren Mienen den Zweifel, ob meine Ansicht wol stichhaltig, daß der Ursprung jener Großthaten der wiener Regierung nicht in der Waffenstreckung von Világos zu suchen sei.

Habe ich doch jene Behauptung —

die Hinrichtungen, Einkerkerungen, Verfolgungen, womit Haynau und das wiener Ministerium Ungarn unmittelbar nach der Capitulation von Komorn zu pacificiren begannen, ließen sich durch die Waffenstreckung von Világos wenn auch nicht rechtfertigen, doch mindestens entschuldigen —

seit 13 Jahren so wiederholt oft hören müssen, daß ich die Hoffnung nachgerade aufgegeben, die Widerlegung dieses allgemein verbreiteten Vorurtheiles zu erleben.

Und dennoch — wie nahe liegt die Widerlegung!

Oder hat etwa Haynau v o r der Waffenstreckung von Világos keinen kriegsgefangenen Ungarn durch Strang oder Pulver und Blei vom Leben zum Tode befördern lassen? — Baron Ladislaus Mednyánßky, Philipp Gruber, Georg Hruby und andere dem gleichen Schicksale verfallene Opfer Haynau's — gibt's denn niemand mehr, der ihrer gedächte?

Oder sehen wir unter jenen, welche dasselbe Schicksal nach Világos ereilte, nicht auch solche, die an der Waffen= streckung von Világos nicht theilgenommen?

Welchen Antheil mochte wol Graf Ludwig Batthyányi an der Waffenstreckung von Világos haben?

Und ist dort unter den Dreizehn von Arad nicht auch Aristid Dessewffy, der weder bei Világos, noch vor den Russen, sondern vor den Oesterreichern, — auch nicht von diesen hierzu gezwungen (da ihm der Rückzug auf türkisches Gebiet offen stand) — sondern aus freiem Entschluß die Waffen streckte?

Oder würden etwa die gesetzlichen Einrichtungen Ungarns wie Siebenbürgens in minder absichtlicher Weise zum Gegen= stande des Spottes gemacht, weniger mit Füßen getreten worden sein durch jene fremden Beamten, welche, diese beiden Länder überziehend, sich an ihnen feist sogen?

Oder würde es unter diesen, zum mindesten weniger Ge= waltthätige, weniger Schadenfrohe, weniger Unbrauchbare und im Gegentheile mehrere von reiner Absicht und von reinen Händen gegeben haben, —

wenn ich bei Orsova vor den Türken, und nicht bei Világos vor den Russen die Waffen niederlegte?

———

III.

Sonderbar!

Vilkring, 26. Sept. 1862.

Sie machen mir den Vorwurf, ich weiche dem Kern Ihrer Fragen aus.

Forsche ich aber entgegen, worin denn nun dieser Kern eigentlich liege, so drängen Sie mich sonderbarerweise aus dem großartigen Gebiete der Leiden einer Nation in den engen Kreis persönlicher Bekümmernisse, indem Sie — höchst sonderbarerweise — Aufklärung darüber von mir verlangen:

ob ich wol die Waffenstreckung jedenfalls beschlossen haben würde, selbst wenn ich — mit Sehergabe ausgestattet — mein eigenes Schicksal wie das meiner Freunde hätte voraussehen können?

Die Gefahr, von welcher das Leben einzelner Männer (nicht mehr als mein eigenes) bedroht schien, durfte — ob

diese gleich meinem Herzen durch das Band unerschütterlicher
Treue und Hingebung verbunden waren — in jenem Augen=
blicke die Wahl nicht entscheiden.

Es waren Millionen meiner Mitbürger von einem Kriege
zu erlösen, mit dessen Fortsetzung nicht mehr gewonnen wer=
den konnte als höchstens für mich der Ruhm, noch Ein Ge=
fecht und zwar ohne jeden vernünftigen Zweck engagirt zu
haben.

Andere Millionen meiner Mitbürger mußten vor den
Drangsalen bewahrt werden, mit welchen sie Tausende von
Marodeurbanden in dem Augenblicke bedrohten, wo der
unvermeidliche Ausgang eines letzten verzweifelten Kampfes
aller Kriegszucht ein Ende machte.

Von dieser Erkenntniß waren jene Freunde selbst durch=
drungen, als sie meinen Entschluß billigten.

Ueberdies wollten sie mein Geschick theilen. — —

Hätte damals eine überirdische Hand den Schleier der
nächsten Zukunft vor unsern Augen gelüftet:

so würde ich die Waffenstreckung dennoch, — nur ohne
die Mitwirkung meiner unglücklichen Freunde — versucht
haben.

IV.

„Zur Sache!"

Oihlring, 29. Sept. 1862.

Wie ich es angefangen hätte, um die Waffenstreckung
ohne die Mitwirkung meiner unglücklichen Freunde auszu=
führen? . . .

Erlauben Sie, daß ich auf diese Frage nicht eingehe;
denn sie gehört nicht zur Sache.

Zur Sache gehört einzig und allein: ob die Waffen=
streckung bei Világos meinerseits ein Act persönlicher Specu=
lation oder ein Act patriotischen Pflichtgefühls gewesen.

Ich betheure dieses; ihr behauptet jenes; und da ihr
leider zugleich dort auf die Gräber meiner hingerichteten
Kameraden, hier auf mich den nur Internirten hinweisen
könnt: so habt ihr natürlich die öffentliche Meinung für
euch und ich — werde verurtheilt.

Damit aber seid ihr noch immer nicht zufrieden. Ihr

verlangt noch überdies, ich solle diese Verurtheilung als eine gerechte anerkennen.

Wie könnte ich dies, ohne mit meinem eigenen guten Gewissen in Widerspruch zu gerathen? — Und weil ich es nicht kann, beschuldigt ihr mich obendrein der Verachtung der öffentlichen Meinung!

Verachtung schweigt. — Ich habe nicht geschwiegen. Im Gegentheil habe ich die falschen Angaben widerlegt, die irrigen berichtigt, mit welchen die öffentliche Meinung über meinen persönlichen Charakter, meine Handlungen, meine Absichten getäuscht worden.

Ihr habt mich des Verraths an meinen Kameraden angeklagt.

Ich antwortete darauf: Meine Kameraden zu retten stand leider nicht in meiner Macht. Ich konnte nur meine schriftliche Fürbitte für sie mündlich wiederholen. Das hab' ich redlich gethan. Meine Bitten wurden nicht erhört, wenigstens nicht an entscheidender Stelle.

Ihr habt mich beschuldigt, ich hätte Nagy-Sándor mit seinem Corps den Russen bei Debreczin preisgegeben! Auch hierauf antwortete ich (s. „Mein Leben und Wirken", II, 320—332).

Warum habt ihr nicht aufmerksam gelesen und aufrichtig geprüft? Durfte euch hierin die Bitterkeit beirren, welche, durch eure ungerechten Angriffe in meinem Herzen erzeugt, aus diesem unwillkürlich in die Feder überfloß, als ich die Darstellung der Geschichte jener Tage niederschrieb?

Heute — elf Jahre später — erstaune ich hierüber nicht mehr; es leuchtet mir im Gegentheil unschwer ein, wie ich mit meiner Rechtfertigungsschrift nur eure Erbitterung gegen mich steigern konnte, zumal da es euch ja vor allem um meine Verurtheilung — selbst um den Preis der Wahrheit — zu thun gewesen.

In dem Augenblicke, wo es euch um geschichtliche Wahr=heit zu thun wäre, müßtet ihr das Urtheil eines in militärischen Sachen competenten Mannes beachten, eines Mannes, welcher sonst in der Beurtheilung meiner politisch=militärischen Wirk=samkeit keine Gelegenheit, mich scharf zu tadeln, übersieht.

Rüstow in seiner Geschichte des ungarischen Insurrec=tionskrieges (Zürich 1860) thut, I, 354, folgenden höhnenden Ausspruch:

„Görgei war durchaus Antirepublikaner; über diesen Punkt hatte er ungefähr dieselbe Meinung wie Fürst Win=dischgrätz."

Ich glaube, nach diesem Ausspruche wird es niemand einfallen, Rüstow der Parteilichkeit für mich zu verdächtigen.

Hören wir also, wie derselbe über die Frage „Nagy=Sándor — Debreczin" urtheilt.

(II, 339) „Nach der Marschdisposition sollte das Gros (Görgei's) am 31. Juli Nagy=Kálló, am 1. Aug. Nyir=Abony, am 2. Vámos=Pércs, am 3. Nagy=Léta, am 4. Kis=Marja erreichen; die Seitenhut unter Nagy=Sándor, das 1. Corps, sollte am 31. Juli nach Hadház, am 1. Aug. nach Debreczin gehen, hier unter Umständen auch am 2.

ſtehen bleiben, dann am 3. nach Dereeſke und am 4. nach
Berettyó=Ujfalu gehen.

„Die Marſchdispoſition bietet gewiß nichts Außerordent=
liches; ſie entſpricht ganz den Regeln, welche bei einer Stel=
lung der Parteien zueinander, wie ſie hier vorliegt, gewöhnlich
befolgt werden. Nagy=Sándor ward ausdrücklich angewie=
ſen, jedem ernſten Kampfe auszuweichen und ſich einem ern=
ſten Angriffe überlegener Kräfte durch einen Rückzug, ſei es
in der ihm angewieſenen Marſchrichtung auf Berettyó=Ujfalu,
ſei es ſeitwärts gegen die Marſchlinie des Gros hin zu
entziehen, je nachdem die beſondern Umſtände dies bedingen
würden. Ob Nagy=Sándor am 2. wirklich noch in Debreczin
bleiben ſolle oder könne: das zu beurtheilen ward ihm
ſelbſt überlaſſen; er ſollte nur genaue Nachrichten über den
Feind einzuziehen ſuchen (340) und über alles, was er er=
führe und was ſich bei ihm begäbe, oft und genau in
Görgei's Hauptquartier berichten, der ſelbſtverſtändlich die
Bewegungen des Gros nicht als unabhängig von denen der
Seitenhut betrachten konnte. Für die erſten Tage bis nach
Debreczin hin war der Seitenhut ein Vorſprung gelaſſen,
damit ſie, zu einem Rückzuge oſtwärts gezwungen, ſich deſto
leichter mit dem Gros vereinigen könne.

„Wie man ſieht, dieſe Dispoſitionen haben durchaus
nichts Auffälliges; aber weil gerade Nagy=Sándor die
Seitenhut erhalten hatte, wurde alsbald geſagt, Görgei habe
ihn abſichtlich opfern wollen.

„Nagy=Sándor kam am 1. Aug. nach Debreczin

...... „Noch am 1. Aug. wurde die Nachricht ein-
gebracht, es ständen 15000 Russen bei Ujvāros, 3 Meilen
von Debreczin.

„Wohl hätte sich jetzt Nagy=Sándor darauf einrichten
können, beim ersten ernstlichen Angriff, der in den Nach=
mittagsstunden des 2. Aug. zu erwarten war, Debreczin
zu räumen; obgleich die Gegend um diese Stadt, eine weite
Ebene, allerdings keine Stellungen bietet, welche einen län=
gern Widerstand einer kleinern Streitmacht gegen die Ueber=
macht möglich machen: war es doch möglich, sich dem ernsten
Angriff der Russen, nachdem man dieselben ruhig zuerst
erwartet hätte, wenn auch nur unter Benutzung von Kuku=
ruzfeldern und Wasserrissen, zu · entziehen" ..... „In=
dessen .... Nagy=Sándor nahm eine Stellung westwärts
der Stadt (341) gegen Ujvāros hin" .... (342) „Am
2. Aug. morgens rückte nun die Armee der Russen von
Ujvāros vor". .... (Hier folgt die Skizzirung der russischen
Angriffsdispositionen) ... „Es war ungefähr 2 Uhr nach=
mittags" .... „Nagy=Sándor mit den höhern Offizieren
seines Corps befand sich eben in Debreczin bei einem Ban=
kett, welches ihm die Stadt gab, als die Kanonade begann.
Er begab sich alsbald auf den Kampfplatz. Da sich nun
immer bedeutendere russische Massen entwickelten, beschworen
ihn die höhern Offiziere, den Rückzug ohne Säumen anzu=
treten. Indessen wollte sich Nagy=Sándor, erhitzt wie er
war, dazu nicht verstehen. Er ließ die Artillerie des linken
Flügels gegen die russischen reitenden Batterien vorgehen;

die letztern wurden übel zugerichtet und mußten aus dem Feuer der Ungarn zurückgehen. Wiederum ward Nagy= Sándor angegangen, jetzt den Rückzug anzutreten. Er wollte nichts davon hören".... (344) „Am 2. Aug., während Nagy=Sándor bei Debreczin kämpft, ist Görgei's Hauptquartier bei Vámos=Pércs. Das Schicksal Nagy= Sándor's, von dem er so wenig während des Gefechts als noch lange nach demselben eine Nachricht erhält, versetzt ihn in eine fieberhafte Spannung. Alles wohlerwogen, hält er es jedoch für das Gerathenste, sich genau an die Marsch= disposition zu halten und folglich bis zum Morgen des 3. Aug. bei Vámos=Pércs stehen zu bleiben, damit Nagy= Sándor wenigstens auf etwas sich fest verlassen könne, und um nicht, falls Nagy=Sándor geschlagen wäre, nun auch noch das Gros seiner Armee einer Niederlage sei= tens eines überlegenen Feindes auszusetzen."

So weit Rüstow. — Es genügt vollkommen. — Um Ihnen jedoch die präcise Auffassung der Situation Nagy= Sándor's bei Debreczin möglichst zu erleichtern, gestatten Sie mir nur noch die Beantwortung nachstehender Fragen:

1) War Nagy=Sándor den Kampf mit den Rus= sen aufzunehmen gezwungen?

Durchaus nicht; denn es stand ihm die Nacht vom 1. auf den 2. Aug., nebst dem ganzen Vormittag des 2. Aug., zur Verfügung, um ohne den geringsten Con= flict mit den Russen dasselbe zu thun, was er nach be= reits erlittener Niederlage gethan, nämlich gegen

Großwardein zu retiriren; nur hätte er dies ohne Kampf, ja selbst noch während desselben rechtzeitig (indem er den wiederholten Vorstellungen seiner einsichtsvollern höhern Offiziere nachgab) viel zweckmäßiger und ohne die schreck=lichen Verluste thun können, welchen er sein Corps durch die noch weitere Fortsetzung des Kampfes ausgesetzt hatte.

2) War die Annahme des Kampfes bei Debrec=zin im Interesse unserer Rückzugsoperation (von Tokaj hinter den Berettyófluß) gelegen?

Im Gegentheil! Denn diese Operation war nur dann als vollkommen gelungen anzusehen, wenn sie mit möglichst geringem Verlust ausgeführt wurde.

3) Konnte durch das Herbeieilen des Gros der Armee von Vámos=Pércs das Corps Nagy=Sán=dor's vor der Niederlage bewahrt werden?

Nein. Denn die Niederlage war schon entschieden, noch ehe es dem Gros der Armee überhaupt möglich war, auf der Wahlstatt einzutreffen.

4) Was war mit dem Marsche des Gros der Armee von Vámos=Pércs nach Debreczin in die=sem Falle überhaupt noch möglicherweise zu er=reichen?

Nur noch größere Nachtheile als die durch die Nieder=lage Nagy=Sándor's bereits erlittenen; im mindest ungünsti=gen Falle Uebermüdung der Truppen durch forcirte ziel= und zwecklose Zickzackmärsche; höchst wahrscheinlich aber würde das Gros der Armee durch den Zusammenstoß mit dem siegreichen,

etwa dreifach überlegenen Feinde gleichfalls sehr schwere Ver=
luste erlitten haben.

Wenn die beste Art, gegen den Feind zu operiren, un=
streitig darin besteht, daß man dessen augenblicklich voncin=
ander getrennten Heerestheile mit den zu localer Uebermacht
vereinten eigenen Kräften nacheinander aufreibt, so muß es
doch offenbar als die unglücklichste Kriegführung angesehen
werden, seine eigenen durch irgendwelche Umstände eben
isolirten Heerestheile von des Feindes Uebermacht nachein=
ander aufreiben zu lassen.

Und wenn es in jener Zeit meine Aufgabe gewesen
wäre, den Russen eine Entscheidungsschlacht zu bie=
ten, so hätte ich sofort nach Ueberschreitung der Theiß mit
allen drei Corps vereint auf sie losgehen müssen. Von
dem Augenblick an aber, wo ich die Gewißheit hatte, daß
die russische Hauptmacht auf dem linken Theißufer stehe,
war meine Aufgabe keine andere, als, mit möglichster Ver=
meidung jedes ernsten Conflicts, zur Vereinigung mit unserer
Südarmee nach dem Banat zu eilen. Und während zu die=
sem Ende das Gros der Armee seinen Marsch von Nyiregy=
háza bis hinter den Berettyófluß auf dem Umwege über die
Nyirség nahm, hatte Nagy-Sándor (als Seitenhut) den kür=
zern und dem Feinde näher gelegenen Weg über Debreczin
einzuschlagen, einzig und allein nur, um — falls die Russen
diesen Punkt schon vor ihm erreicht hätten, — das Gros
der Armee hiervon zu benachrichtigen, damit es seinen
Marsch hinter den Berettyófluß noch mehr beschleunige

und dadurch den Russen den Vorsprung wieder ab=
gewinne. Selbst in diesem Falle also war Nagy=Sándor's
Aufgabe keineswegs, die Russen anzugreifen oder ihren
Angriff abzuwarten, sondern vielmehr jedem ernsten
Kampfe ausweichend sich auf das Gros der Armee
zurückzuziehen und demselben in Eilmärschen zu folgen.

5) Aus welchem Grunde wurde eben Nagy=
Sándor — und nicht Leiningen oder Pöltenberg —
mit dem Dienste der Seitenhut betraut?

Seit unserm Ausmarsche aus dem verschanzten Lager
von Komorn hatten wir mit den Russen Gefechte bestan=
den bei:

Waizen — 15. Juli — (die Colonne Armin Görgei,
    Corps Nagy=Sándor und Corps Leiningen).

Waizen — 17. Juli — (Armin Görgei und Lei=
    ningen).

Am Waizener Berge — 17. Juli — (Armin Görgei
    und Leiningen).

Bei Rétság — 17. Juli — (Pöltenberg).

Am Lókosbache — 18. Juli — (Pöltenberg).

Bei Harsány — 23. Juli — (Pöltenberg).

Bei Görömböly — 24. Juli — (Pöltenberg).

Am Sajófluß — 25. Juli — (Pöltenberg und Lei=
    ningen).

Bei Geßtely — 28. Juli — (Leiningen).

Somit waren seit unserm Ausmarsche aus dem ver=
schanzten Lager von Komorn die beiden Corps Leiningen

und Pöltenberg fünfmal, die Colonne Armin Görgei
dreimal, das Corps Nagy=Sándor hingegen nur ein
einziges mal im Gefecht gewesen. — Ich meine also, daß
man trotz der Uebertragung dieses Seitenhutdienstes an das
Corps Nagy=Sándor nicht den geringsten Grund haben
kann, mich zu beschuldigen, ich hätte dasselbe mehr Ge=
fahren ausgesetzt als die übrigen Corps. Grund
zu dieser Beschuldigung liegt um so weniger vor, je gewisser
die Aufgabe Nagy=Sándor's auf seinem Marsche von Nyi=
regyháza über Debreczin nach Berettyó=Ujfalu nicht sein
konnte: den Feind zu schlagen. Er hatte diesen blos
auszukundschaften und seiner Uebermacht vorsorg=
lich auszuweichen.

Wenn aber Nagy=Sándor dessenungeachtet es für gut
findet, den Angriff der Russen bei Debreczin abzuwarten,
und den angenommenen ungleichen Kampf bis zum Aeußer=
sten fortzusetzen: mit welchem Rechte kann für die schreck=
lichen Folgen dieser unglücklichen selbständigen Entschlüsse
Nagy=Sándor's ich verantwortlich gemacht werden?

V.

„Hogy is volt csak?"

Viktring, 1. Oct. 1862.

„Wenn Dembinski gezwungen wird, Szöreg zu verlassen, oder wenn er dies freiwillig thut, um sich mit Görgei bei Arad zu vereinigen, dann sollen sich diese zwei vereinigten Heere — unbekümmert um das Vordringen der, zwei Tag= märsche hinter Görgei, heranziehenden russischen Armee — — mit vereinter Kraft auf die Oesterreicher im Banat werfen, deren Niederlage dann unvermeidlich wäre. Und während die Festung Arad den Uebergang der Russen über die Maros verzögerte, hätte die vereinte ungarische Armee die Oesterreicher rastlos abwärts in den äußersten Winkel des Landes zu drängen. Hier bliebe dann den Oesterreichern nichts anderes übrig, als sich in die Walachei zu flüchten.

„Hierauf wirft sich die Armee — die Russen ihren Marsch fortsetzen lassend — über die Theiß in die Bácska,

2*

nimmt von hier aus die Richtung auf Komorn, verstärkt sich aus dieser Festung und verfolgt den Kampf mit erneuter Kraft.

„Sollte jedoch — was das Wesentlichste dieses Planes, nämlich die Verdrängung der Oesterreicher — nicht gelingen, so hat die ungarische Armee mit 50000 Mann nach Siebenbürgen zu ziehen, die Pässe (gegen Ungarn) auf das kräftigste zu vertheidigen, den Feind in Siebenbürgen mit überwiegender Kraft zu vernichten, hierauf aber die russische Macht in der Moldau und Walachei anzugreifen, wo dann bei günstigem Erfolg auch die Pforte ihr schwankendes System verlassen müßte."

In diesem Citat haben wir die letzte bedeutungsvolle strategische Conception des Gouverneurs Ludwig Kossuth vor uns.

Diese konnte nur entstanden sein unter dem Drucke der im Texte zwar nicht ausgesprochenen, in der Tendenz hingegen um so lauter manifestirten Ueberzeugung, daß alle dort genannten ungarischen Streitkräfte zusammengenommen der Wucht des russischen Hauptheeres zu widerstehen nicht vermöchten.

Denn — wie wir sehen — wird in diesem Operationsplane, für den Fall der gelungenen Vertreibung der Russo-Austriaken unter Haynau, den siegreichen ungarischen Heeren als Object ihrer fernern Angriffe nicht etwa die ganz nahe russische Hauptmacht bezeichnet, sondern merkwürdigerweise zunächst Jellachich jenseit der Theiß, welcher sich seit seiner

Niederlage bei Hegyes am 14. Juli ganz inoffensiv verhielt, und im weitern Verlaufe das noch weniger offensive Cer= nirungscorps vor Komorn.

Die Grundidee dieses Operationsplanes (den Russen ausweichen und auf die Oesterreicher losschlagen) ist übrigens nicht Kossuth's Eigenthum und datirt weder von Arad noch von Szegedin.

Schon am 26. Juni — also fünf bis sechs Wochen früher — habe ich sie in dem letzten Ministerrathe, welchem ich in Pesth beiwohnte, klar und deutlich ausgesprochen und als leitendes Princip bei der künftigen Verwendung unserer Streitkräfte in Ungarn bringend anempfohlen. Wem — unter meinen politischen Glaubensgenossen vom Jahre 1848 — das Bedürfniß nicht fremd ist, die Sache, für die er stritt, zum mindesten gerächt zu sehen, wenn sie schon nicht gerettet werden konnte —: der muß es mit mir schmerzlich bedauern, daß Ludwig Kossuth die Richtigkeit meines An= trages erst in Arad einleuchtete, erst — nachdem er unsere Waffenehre den unwürdigsten Händen anvertraut hatte, jenen Dembinski's.

In Arad — Anfang August — war's zu spät; Ende Juni — in Pesth — wäre für Kossuth der rechte Moment gewesen, meinen Gedanken einer unbedingten Offensive gegen Haynau zu erfassen, der Durchführung desselben sein An= sehen, seine Popularität, seine Beredsamkeit, jede patriotische Emanation seiner seltenen geistigen Begabung zu weihen. In jenen Tagen, Wochen, als die russische Hauptarmee noch

am Sajó zögerte, während Haynau schon bis an den Czomzo
siegreich vorgedrungen war; als keine Macht uns hindern
konnte, 60—70000 Mann im verschanzten Lager von Komorn
zu vereinigen; — da hätte Kossuth's zähes Festhalten an
dem pesther Beschlusse: „Streich auf Streich gegen Oesterreich allein!" von verhängnißvoller Bedeutung für jene
Armee werden können, deren späterer Siegeszug von Szegedin
bis Temesvár noch unsern Enkeln und Enkelsenkeln die
Röthe der Scham, der Entrüstung in die Wangen trei-
ben wird!

Indessen — nicht um auseinanderzusetzen, wie's bei
Komorn geworden wäre — nur um zu constatiren, wie's bei
Arad wirklich war, citirte ich eingangs den letzten Kriegs-
operationsplan, welchen der Gouverneur entweder selbst ent-
worfen oder doch als den einzig und allein annehmbaren
erkannt und sanctionirt hatte.

Dembinski, mit diesem Operationsplane einverstanden,
dringt bei Kossuth ganz besonders darauf, daß ich so schnell
als nur immer möglich nach Arad eile, um mich daselbst mit
ihm zu vereinigen.

Ich erhalte den ersten Befehl hierzu am 5. Aug. in
Großwardein; der zweite trifft mich schon unterwegs. Im
Sinne des letztern erreiche ich Arad am 9. Aug. und er-
fahre erst hier, daß Dembinski von Szöreg nicht gegen
Arad, sondern gegen Temesvár zurückgewichen.

Von Komorn bis Großwardein — vom 13. Juli bis
5. Aug. — hatten meine Truppen 64 geographische Meilen

binnen 24 Tagen zurückgelegt und, den innern Operations=
bereich der russischen Hauptarmee durchbrechend, elf meist
hartnäckige Kämpfe bestanden. Dessenungeachtet ließ ich sie
den Anordnungen Kossuth's gemäß die 17 Meilen weite
Strecke von Großwardein bis Arad ohne Aufenthalt binnen
4 Tagen durcheilen; denn aus den erhaltenen Befehlen
mußte ich schließen, daß Dembinski für sich allein nicht im
Stande sein dürfte, über den 9. Aug. hinaus vor Arad,
dem Ausgangspunkte unserer beabsichtigten Offensive gegen
Haynau, sich zu behaupten.

Und nun — in Arad angelangt — fand ich das schon
erreicht geglaubte Ziel dieser letzten Anstrengungen ganz un=
erwartet wieder um zwei Tage weiter hinausgerückt, falls
Dembinski unerklärlicherweise auch ferner dabei beharrte,
seinerseits nicht das Geringste für die Vereinigung
zu thun.

Im entgegengesetzten Falle mußten meine Truppen
am 10. Aug. auf ihrem Weitermarsche von Arad nach
Temesvár einer Verbindungscolonne Dembinski's
begegnen.

Sie begegneten Oesterreichern: denn schon am Vor=
abende hatte die Armee Dembinski's zu existiren auf=
gehört!

Sollen wir für diese Vereitelung des letzten Operations=
planes Kossuth's Dembinski verantwortlich machen?

Ich bin der Meinung, daß dies ein höchst abgeschmacktes
Beginnen wäre.

Durfte man denn von der notorischen Unfähigkeit dieses Mannes dem entschlossenen Auftreten Haynau's gegenüber etwas Besseres erwarten?

Wie aber, wenn es heute vielleicht schon gestattet wäre, an den Gouverneur selbst die Gewissensfrage zu richten, welche Absicht ihn denn eigentlich dazu bestimmt haben mochte, mir während der ganzen Dauer meines Anmarsches von Großwardein nach Arad die wahre Lage der Südarmee, namentlich die Gefahr zu verheimlichen, von welcher die mir anbefohlene Vereinigung mit derselben bedroht war? Wenn Ludwig Kossuth, anstatt einen Theil meiner Streitmacht erst für den 9. Aug. nach Arad zu beordern, mich einfach wissen läßt, daß Dembinski gegen Temesvár zurückzieht; so können meine drei Cavaleriedivisionen, mit Hülfe eines Nachtmarsches, die Verbindung zwischen Arad und Temesvár schon am 8. sicherstellen. Am 9. steht es in meiner Macht, den linken Flügel der Oesterreicher, dessen unbeirrtes Auftreten bei Sct.-András — wie bekannt — die Niederlage der Ungarn bei Temesvár entschied, zu paralysiren. Am 10. aber sind auch meine Infanteriedivisionen schon bei der Hand und nun konnten wir allerdings — und zwar mit weit überlegenen Streitkräften — offensiv gegen die Oesterreicher auftreten, während die Vortruppen der russischen Hauptmacht noch vier Tagmärsche weit entfernt standen!

General Klapka veröffentlicht in seinen Memoiren ein Schreiben von meiner Hand, datirt von Großwardein am 16. Aug. 1849 (aus der russischen Kriegsgefangenschaft).

Lesen Sie diesen Brief. Er enthält ein strenges Urtheil über Kossuth. Doch gleichwie ich dieses damals aus tiefer Ueber=
zeugung niedergeschrieben: ebenso bin ich gern bereit, in dem Augenblick zu widerrufen, wo er mich von der Grund=
losigkeit — und folglich Ungerechtigkeit dieses Urtheiles überzeugt.

Hier citire ich blos folgende Stelle aus jenem Briefe:

„Als ich die Theiß, nach manchem ehrlichen Gefechte mit den Russen, bei Tokaj passirt hatte, erklärte der Land=
tag, daß er mich zum Obercommandanten wünsche.

„Kossuth ernannte heimlich Bem.

„Das Land glaubte, ich sei es, weil Kossuth auf den Antrag des Landtages eine jesuitische Antwort geben ließ."

Kossuth — mir gegenüber — vor allem nur darauf bedacht, wie er mich vom Armee=Obercommando fern halte, dabei aber seine eigene Person vor der Anklage der Rivalität gegen mich thunlichst bewahre — rechnete zuverläfsig auf einen Sieg Bem's ohne mein Mitwirken, und hielt darum auch den Rückzug Dembinski's gegen Temesvár vor mir ge=
heim, solange ihm dies nur überhaupt möglich war.

Siegte Bem, so erschien dessen gesetzwidrige Ernennung zum Oberfeldherrn nachträglich gerechtfertigt, und die Blicke Ungarns mußten, von dem nativen Heerführer ab, sich nach dem Fremden wenden; der Fremde aber konnte der öffentlichen Machtstellung des Gouverneurs von Ungarn nie gefährlich sein.

So löse ich das Räthsel.

Nicht „Sieg überhaupt" war die Parole, nur „Sieg unter fremdem Commando".

Aber die Fremden waren der Aufgabe nicht gewachsen.

Dembinski — so tapfer er als Soldat gewesen — wußte als Feldherr immer nur für morgen Rath — nie für heute; und der allerdings unter andern glänzenden Eigenschaften auch jederzeit geistesgegenwärtige Bem eilte erst dann — und zwar allein, ohne Heeresmacht — aus Siebenbürgen herbei, seinem rathlosen Landsmann zu Hülfe, nachdem es schon zu spät war, und überhaupt erst, nachdem auch er in Siebenbürgen sich selbst nicht mehr zu helfen gewußt hatte.

Dieser letztere Umstand möge Ihnen, geehrter Freund, zugleich erklären, warum ich es unterließ, im Sinne des bewußten Operationsplanes gegen Siebenbürgen zu retiriren, nachdem doch die beabsichtigte Vertreibung der Oesterreicher aus dem Lande nicht gelungen war.

Kossuth selbst hatte für die Niederwerfung des 40—50000 Mann . starken Feindes in Siebenbürgen und den darauffolgenden Angriff der russischen Macht in der Moldau oder Walachei — um die Pforte zur Allianz mit uns zu nöthigen — nicht weniger als 50000 Mann unsererseits für nothwendig erachtet und hierbei offenbar voraussetzen müssen, daß Bem sich bishin doch noch einigermaßen im Lande behauptet haben werde.

Nun verfügte ich aber in Arad — miteingerechnet die daselbst angetroffene Reservedivision — über kaum mehr als 30000 Mann, Bem hatte Siebenbürgen bereits aufgegeben, und auf die Südarmee durfte ich gar nicht mehr rechnen; denn in meinen Händen hielt ich den Original= bericht Guyon's an Kossuth, daß die genannte Armee sich schon am Abende des 9. Aug. aufzulösen begann.

Mir blieb also in Wirklichkeit — wie Sie nach alledem leicht einsehen können — nur die Wahl zwischen folgenden drei Möglichkeiten:

einem hoffnungslosen letzten Engagement mit den von allen Seiten mich bedrohenden Russen,

oder Orsova,

oder — Világos.

VI.

(Fortſetzung.)

Viktring, 13. Oct. 1862.

Sie ſind der Meinung, mit 20—30000 Mann ſtreckt man nicht die Waffen, ſondern ſetzt den Krieg fort, um günſtigere Chancen abzuwarten. — Im Kriege entſcheide das Kriegsglück. Niemand könne vorausſagen, ob dem Schwächern, ob dem Stärkern der Sieg vorherbeſtimmt ſei. — —

Bem ſchien offenbar derſelben Meinung, als er Koſſuth in Lugos aufforderte, das in Arad niedergelegte Gouvernement ſich wieder anzueignen.

General Klapka veröffentlicht in ſeinen Memoiren die Antwort, mit welcher Koſſuth der Zumuthung Bem's auswich. Dieſe Antwort datirt aus Teregova vom 14. Aug. 1849 und lautet:

„— — — Eine Armee kann ſich wol mit Zwangsrequiſitionen und Contributionen in Feindesland halten — aber im eigenen Lande?

„— Ich meinestheils werde nie die Hand zu gewalt=
samen und feindseligen Maßregeln gegen mein Volk bieten.
Ich möchte es gern mit Aufopferung meines Lebens retten;
aber unterdrücken? — nie!

„— Sie sehen also, Herr Generallieutenant, es ist eine
Gewissenssache. Ich kann nicht gestern abtreten und heute
wieder die Zügel der Regierung ergreifen. — Wenn die
Nation und die Armee anders entscheiden, dann würde sich
die Sache anders gestalten; aber die Armee Görgei's, die
tapferste von allen, müßte beistimmen. Sonst bin ich ein
einfacher Bürger und werde nie den Beistand meiner auch
nur passiven Gegenwart Maßregeln des Terrorismus, der
Verheerung, Plünderung, Requisitionen und Unterdrückung
des Volkes leihen. — Wenn auch Görgei's Armee mich auf=
fordert, die Regierung wieder zu übernehmen; wenn es
Ihnen gelingen wird, einige Operationen auszuführen, um
die Verpflegung Ihrer Armee ohne Schreckens = und Unter=
drückungsmaßregeln gegen das Volk zu sichern; wenn die
Bank in die Möglichkeit versetzt wird, zu arbeiten, und wenn
sie zu meiner Disposition steht — unter diesen drei Bedin=
gungen würde ich auf den Ruf der Nation die Regierung
wieder übernehmen, wo nicht, nicht. — Denn für mich ist
der Krieg nicht Zweck, sondern nur Mittel zur Rettung des
Vaterlandes. Habe ich keine Wahrscheinlichkeit, mich dem
Ziele zu nähern, so will ich auch dazu nicht meine Hand
bieten, den Krieg einzig des Krieges wegen fortzusetzen." —

Aus dieser ablehnenden Antwort Kossuth's ersehen Sie,

daß er und ich über die Opportunität der Fortſetzung des Kampfes nach der Niederlage Bem—Dembinski (bei Temes=vár) einer und derſelben Anſicht waren.

Auch in unſern Handlungen ſtimmten wir, dieſer ge=meinſamen Anſicht entſprechend, überein. Wir gaben beide den Kampf auf, denn uns beiden war „der Krieg nicht Zweck, ſondern nur Mittel zur Rettung des Vater=landes". Und da wir beide „keine Wahrſcheinlich=keit mehr hatten, uns dem Ziele zu nähern", ſo wollte auch keiner von uns beiden „die Hand dazu bie=ten, den Krieg einzig des Krieges wegen fortzu=ſetzen".

Selbſt in der Motivirung unſers Abſtehens vom fernern Kampfe weichen wie voneinander nicht ab. Denn während Koſſuth der türkiſchen Grenze zueilt, „um nicht den Beiſtand ſeiner auch nur paſſiven Gegenwart Maßregeln des Terrorismus, der Verheerung, Plünderung, Requiſitionen und Unterdrückung des Volkes zu leihen" — ſtrecke ich die Waffen, „um Menſchenblut zu ſchonen, um meine friedlichen Mitbürger, welche ich ferner zu vertheidigen zu ſchwach bin, wenigſtens von dem Elend des Kriegs zu befreien".*)

Ich darf wol annehmen, daß Bem — wenn er noch

*) Aus meiner Abſchieds=Proclamation von Arad, 11. Aug. 1849.
Der Verfaſſer.

lebte — die Regierung Koſſuth's, ſeine perſönliche Autorität
— auch nach der Abdankung noch — zur Fortſetzung des
Kampfes gelten und wirken zu laſſen, ebenſo ſcharf tadeln
würde, wie Sie die Waffenſtreckung tadeln. Und da Koſſuth
ſicherlich ebenſo überzeugt iſt, Bem würde an meiner Stelle
den Kampf fortgeſetzt haben, wie ich überzeugt bin, daß Sie
an Koſſuth's Stelle nicht ſo eilig türkiſchen Boden aufgeſucht
haben würden:

Sſo können wir beide (Koſſuth und ich) nur bedauern,
daß nicht ihr beide (Bem und Sie) in jenen verhängniß=
vollen Tagen an unſerer Statt in Arad euch befandet — Sie
an der Spitze der Regierung; Bem an der Spitze meiner
Armee.

Wir (Koſſuth und ich) haben — jeder nach ſeiner
Ueberzeugung — den Kampf aufgegeben. — Und bald
darauf iſt es in Ungarn ſo arg zugegangen, daß gar man=
cher unſerer Mitbürger, unter den Qualen der Pacificirungs=
experimente Haynau's und Bach's, den letzten Reſt ſeiner
Standhaftigkeit in lauten Verwünſchungen gegen mich aus=
hauchte. (Warum nur gegen mich allein: bedarf heute wol
keiner weitern Erklärung.)

Ihr — (Bem und Sie) würdet den Kampf fortgeſetzt
haben, und damit hättet ihr nur zweierlei darthun
können:

entweder, daß euch die klare Einſicht in die damaligen
gegenſeitigen Kraftverhältniſſe der beiden kriegführenden Par=
teien fehlte;

oder daß es euch nicht um etwas Höheres zu thun war als um eine wohlklingende Berühmtheit eures An= denkens, und daß ihr vor der Gewiſſenloſigkeit nicht zurück= bebtet, euch dieſe Berühmtheit um jeden Preis zu verſchaffen, ſelbſt auf Koſten des noch übrigen materiellen Wohlſtandes, der geraden Glieder, ja des Lebens einer großen Anzahl eurer Mitbürger, welche infolge unſerer (Koſſuth's und mei= ner) Verzichtleiſtung auf ſolchen Ruhm jedenfalls verſchont geblieben.

Geſiele es Ihnen vielleicht, die vorentwickelte Analogie zwiſchen Koſſuth und mir aus dem Grunde nicht gelten zu laſſen, weil ja Koſſuth nicht unbedingt vom Kampfe ab= ſtand, ſo müßten Sie ſich einer abſichtlichen Täuſchung hingeben.

Faſſen wir die Bedingungen, unter welchen Koſſuth ſich bereit erklärte, die Regierung wieder zu übernehmen, etwas näher ins Auge:

Bem ſollte vorerſt einige Operationen aus= führen.

In ebendemſelben, ſchon oben erwähnten, Schreiben an Bem berichtet aber Koſſuth ſelbſt wie folgt:

„— — — Ich bin nach Lugos gegangen, um zu ſehen, wie es dort ausſieht, und auf welche Streitmacht man noch zählen könne, um den Kampf fortzuſetzen. — Das Corps des Generals Vécſey (das Belagerungscorps vor Temesvár) fand ich wohlgeordnet und von gutem Geiſte beſeelt; alle übrigen in voller Auflöſung. Deſſewffy und Kmety

haben mir erklärt, daß diese Armee nicht mehr schla=
gen, sondern beim ersten Kanonenschuß auseinanderlaufen
wird."

„— — — Ich fand einen gänzlichen Mangel an
Lebensmitteln und uns auf Requisitionen beschränkt, ein
jämmerliches Mittel, welches uns das ganze Volk zum
Feinde macht."

Nach diesem Resultat seiner eigenen Forschungen mußte
Kossuth von vornherein überzeugt sein, daß Bem keinerlei
Operationen mehr werde ausführen können.

Sehen wir eine andere Bedingung Kossuth's:

Die Bank (d. h. die Banknotenpresse) sollte vorerst
wieder arbeiten und zu seiner Disposition stehen.

Aber Kossuth selbst wußte es ja besser als irgend=
jemand, daß die ambulante Banknotenpresse nicht ar=
beiten kann.

Bleibt als letzte Bedingung:

die Zustimmung meiner Armee.

Allein Kossuth erklärte ja ausdrücklich, daß diese eine
Bedingung nicht genügte ohne die beiden andern, und über
die Unmöglichkeit der Erfüllung dieser letztern war er voll=
kommen im Klaren.

Sie sehen also, lieber Freund, es besteht die über=
raschendste Analogie zwischen Kossuth's Verhalten und dem
meinen in jenen schweren Tagen. Keiner von uns beiden
war im Stande, aus der Fortsetzung des Kampfes das ge=
ringste Heil mehr zu ersehen. Nur zog ich es vor, dies

Görgei, Briefe.   3 in meinem Schreiben an den russischen General Rüdiger gerade herauszusagen, während Kossuth in seinem Schreiben an Bem dafür vorsorgte, daß seinerzeit oberflächliche Beurtheiler nicht ihn, sondern Bem und mich für das Aufgeben des Kampfes verantwortlich machen.

Und nun noch eins:

Wenn Kossuth Anstand nahm, einzig und allein auf die bloße Aufforderung meiner Armee — also mit Verzicht auf die von Bem erwarteten günstigen Operationen, wie auf die erneuerte Thätigkeit der Banknotenpresse — die Zügel der Regierung zu ergreifen, so geschah dies nicht ohne Grund:

Kossuth kannte sehr wohl die Lage meiner Armee (diese Lage war ja sein eigenes Werk, wie Sie aus meinem letzten Briefe ersehen). Auch beurtheilte er diese Lage vollkommen richtig.

Das Territorium, welches meine Armee nach dem Unglückstage von Temesvár beherrschte (zugleich das Ländergebiet meiner Dictatur) betrug kaum den tausendsten Theil des Reiches. Zur gewaltsamen Erweiterung dieses Gebiets hielt Kossuth diese Armee für zu schwach, und jenen Winkel des Landes, in welchem sich diese schwache Armee, seiner ursprünglichen Meinung nach, hätte behaupten sollen, um den Kampf in der Hoffnung auf günstigere Chancen in die Länge zu ziehen — Siebenbürgen — war bereits dem Feinde überlassen.

Dieselbe Armee aber, in derselben Lage, sollte blos

durch die Abdankung Kossuth's urplötzlich so stark
geworden sein, daß Kossuth und sein gesammter Anhang
sich sofort wieder berechtigt fühlten, die Rettung des Vater=
landes von ihr — als möglich — zu erwarten?!

Endlich muß ich zum Ueberfluß auch noch den Einwurf
hören, es wäre besser gewesen, diese Armee in einem un=
gleichen Kampfe gegen Haynau's Heer der Vernichtung preis=
zugeben, als die Waffen vor den Russen zu strecken, welche
diese Ehre — angesichts ihrer wie bekannt höchst geringen
activen Leistungen während des Krieges — durchaus nicht
verdienten.

Ich kann nicht verbergen, daß solche Begriffsverwirrung
mich vollkommen unvorbereitet findet.

Nie ist mir's beigefallen, die Waffenstreckung überhaupt
durch die kriegerischen activen Leistungen der Russen
zu motiviren.

Aber ebenso wenig kann ich jenen Patriotismus
verstehen, welcher der nutzlosen Hinopferung mehrerer
Tausend Mitbürger den Vorzug einräumt vor
deren Erhaltung.

Daß es für meinen Heldenruhm günstiger gewesen
wäre, mich von solchem Patriotismus beseelen zu lassen,
unterliegt allerdings keinem Zweifel.

VII.

(Fortsetzung.)

Viktring, 16. Sept. 1862.

Die in meinem letzten Briefe nachgewiesene Mitschuld Ludwig Kossuth's am Aufgeben des Kampfes scheint Sie überrascht zu haben; denn — wie ich sehe — finden Sie gegen die Begründung meines Entschlusses hierzu nichts mehr einzuwenden.

Nur hätte ich den gefaßten Entschluß nicht als Dictator ausführen sollen; weil dieser Umstand schon für sich allein die Ergebung aller übrigen ungarischen Heerestheile nach sich ziehen mußte. — Ueberdies — so wähnen Sie — repräsentirte ich als Dictator von Ungarn in jenen Tagen die Revolution und: „die Revolution capitulirt nie!"

— — — — — — — — — —

Es war eine späte Abendstunde des 10. Aug. 1849, als ich dem Gouverneur in der Festung Arad, bei unserer letzten Zusammenkunft, erklärte, daß ich die Waffen strecke, wenn jene Gerüchte von einer Niederlage der Armee Dembinski's bei Temesvár sich bestätigen sollten, welche schon im Laufe des Tages von dort herüberdrangen.

Unser Verhängniß nahm mich beim Wort. Wenige Stunden später überschickte mir Kossuth den entscheidenden Bericht Guyon's.

— — — — — — — — — — —

Was konnte mir, bei dem schon vorher gefaßten Ent= schlusse, an der nachträglichen Abdankung Kossuth's noch gelegen sein?

Und dennoch ließ ich ihn hierzu auffordern!

Zunächst war es mein Schicklichkeitsgefühl, welches mir das Anliegen an meinen väterlichen Freund Csányi abrang, daß er dem Gouverneur vorstelle, wie es mir persönlich, wie es selbst dem Lande gegenüber nicht gleichgültig sei, ob ich den Schritt der Ergebung in das Unvermeidliche unter dem Scheine der Auflehnung gegen die noch bestehende Regierung thue, oder im Einklange mit derselben. — Der wichtigste Beweggrund aber zu dieser Aufforderung war eben die Scheu vor dem spätern Selbstvorwurfe, daß ich nur **halb** gethan, was **ganz** zu thun ich fest ent= schlossen gewesen.

Ich erkannte das Gebot der Bürgerpflicht, dem Kriege mit einem mal ein Ende zu machen, sobald mir's klar geworden, daß er der Nation nichts mehr — nur mir allein noch persönlichen Ruhm biete.

Und ich verachte die Feigheit, die heimlich geschehen läßt, wofür sie öffentlich einzustehen nicht wagt. Zeuge dessen mein Schreiben an General Rüdiger (in Klapka's Memoiren veröffentlicht), worin ich klar und bestimmt die Hoffnung ausspreche, daß die Führer aller von mir getrennten Abtheilungen des ungarischen Heeres meinem Bei=spiele folgen werden.

Groß macht den Glücklichen hienieden der Erfolg.

Sei es dem Unglücklichen vergönnt, seine Größe in der Verantwortung zu finden!

— — — — — — — — — —

Ob die Revolution capitulirt oder nicht: — darüber zu entscheiden bin ich zu wenig Geschichtsforscher.

Was aber hatte die Revolution mit meiner Dictatur gemein?

Diese begann ja eben erst, nachdem die Revolution bereits mit Ludwig Kossuth abgedankt hatte!

Mein politisches Glaubensbekenntniß als Heerführer war und blieb stets nur ein und dasselbe unabänderliche:

„Ferdinand V. König von Ungarn und die von ihm sanctionirten Gesetze vom Jahre 1848."

Das Grundübel der unzureichenden Landes=vertheidigung in dem gänzlichen Mangel einer zweck=mäßig organisirten Heeresergänzung erkennend, und von dem Wunsche beseelt, vor allem hier — wenn noch möglich — abzuhelfen: konnte ich (als Kriegsminister) dem Eide auf die Unabhängigkeitsacte vom 14. April allerdings nicht ausweichen.

An diesem Eide jedoch hatte der Heerführer ebenso wenig theil, wie die Vaterpflicht des ersten römischen Consuls an der Todesstrafe, welche dieser über seine eigenen Söhne verhängte.

———

VIII.

(Fortſetzung.)

Sie fragen, was Ungarn durch die Waffenſtreckung gewonnen.

Ich antworte: Hunderte (vielleicht Tauſende) ſeiner Söhne, welche es durch Fortſetzung des Kampfes verloren haben würde.

Diejenigen, welche die Waffenſtreckung verdammen, mögen den Werth dieſer Erſparniß an Menſchenleben immerhin ſehr gering anſchlagen; mir erſcheint er größer als der Werth jener Lorbern, welche allenfalls noch auf dem weitern Rückzuge von Arad bis Orſova zu ernten geweſen wären.

Dieſe Operation allein hielt ich für ausführbar; ſie war es auch. — Aber es war auch die einzige ausführbare, und die Möglichkeit irgendeiner andern mit beſtimmtem Ziel und Zweck darzuthun, wäre für mich, ſelbſt heute, eine unlösbare Aufgabe.

In der That alſo hat Ungarn durch die Waffenſtreckung materiell genau ſo viel gewonnen, als unter

den damaligen Umständen eben noch zu gewin=
nen war.

Ich sage: „materiell", und wollte hiermit jeden andern
Gesichtspunkt am liebsten ganz ignoriren. Nur zögernd, nur
mit Widerstreben gehe ich an die Erhellung der politischen
(vielleicht richtiger politisch=moralischen) Seite Ihrer Frage;
denn die Streiflichter, deren ich zu Ihrer vorläufigen Orien=
tirung bedarf, müssen auf einen Zeitabschnitt fallen, dessen
Berührung von meiner Feder stets nur wie eine schwere
Anklage gegen jene Partei erscheinen kann, welcher Sie
angehören. Seit dem Erscheinen der nothgedrungen nach
allen Seiten hin so schonungslosen Darlegung meines
Lebens und Wirkens in Ungarn haben jedoch elf Jahre un=
verwandten Hinblicks auf die endlose Reihe qualvoller Leiden,
von welchen die lauten Schänder wie die standhaften Ver=
ehrer meines Namens ohne Wahl heimgesucht worden, den
Gefühlen schmerzlicher Theilnahme für diese das Gefühl
aufrichtiger Persönlichkeit gegen jene in meinem Herzen ver=
eint: — ich möchte nicht wieder verletzen, wenn ich schon nicht
loben darf — nicht wieder unbedingt verurtheilen, wo einer
wohlwollenden Absicht Gründe zur Entschuldigung vielleicht
nicht allzu fern liegen.

Am 13. Juli 1849 verließ ich mit etwa 27000 Mann
die Festung Komorn, um am linken Donauufer die Verbindung
mit der unter Mészáros sich eben bildenden, später dem
Commando Dembinski's anvertrauten Südarmee zu suchen.

Am 15. bestanden wir bei Waizen den ersten Conflict

mit den Russen unter Paskiewitsch. Wir behaupteten das Feld. Die Russen (es waren nur die Vortruppen der russischen Armee) entzogen sich unserer Fühlung. Es hatte den Anschein, als wären sie gänzlich aus dem Felde geschlagen.

Nichtsdestoweniger blieben wir am 16. stehen.

Der frühe Morgen des 17. fand uns auf dem forcirten Rückzuge von Waizen über Losoncz gegen Miskolcz, die Russen mit mehrfacher Uebermacht dicht an unsern Fersen. Dies währte so bis zum späten Abend des 18ten.

Unsere Truppen waren aufs äußerste erschöpft; ich selbst schwer krank, unfähig, das Commando mehr als dem bloßen Namen nach zu führen. Noch Ein ernstes Auftreten der Russen gegen uns am 19. — und Paskiewitsch hatte in seinem Operationsbereiche kaum mehr einen Feind von Bedeutung zu bekämpfen.

Indessen — am 18. abends schon begann die Verfolgung nachzulassen und 48 Stunden später (in der Nacht vom 20. zum 21.) erschienen russische Parlamentäre mit einem Waffenstillstandsantrag in unserm Lager.

Allerdings lehnte ich ab, doch geschah dies nicht in abstoßender Weise, sondern mit Beobachtung aller Formen kriegsgebräuchlicher Courtoisie.

Während ferner Paskiewitsch durch die gleichzeitige Räumung von Miskolcz uns — im Widerspruche mit seiner Aufgabe — die Gewinnung einer neuen Rückzugslinie (über Tokaj) nach dem Bereiche unserer Südarmee ermöglichte, — traf die bekannte schriftliche Sendung Rüdiger's an mich ein und veranlaßte, zugleich mit dem von Saß und Chrulew an= geregten Waffenaustausche, neue Berührungen nicht hostiler Natur zwischen uns und Russen.

Die willkürlichen Ausschmückungen, mit welchen das Gerücht über diese Vorfälle sich verbreitete, mußten Unein= geweihte zur Hoffnung auf die Möglichkeit einer russisch= ungarischen Allianz verlocken.

Das allgemeine Gerede: ich hätte bei Waizen am 16. Juli die Russen vernichten können, ich schonte sie jedoch mit Vorbedacht;

auf meinem Rückzuge von Waizen über Losoncz an die obere Theiß ließen dafür die Russen uns bei Miskolcz ab= sichtlich durchschlüpfen;

die Offiziere meiner Armee fraternisirten mit jenen der russischen u. dgl. — führte zur Erklärung der (ungeachtet alles dessen) nicht eingestellten Feindseligkeiten als pure Komödie, — nur einstweilen noch, bis zum wirklichen Abschluß der Allianz fortgespielt — behufs um so gewisserer Täuschung Oesterreichs; und diese Erklärung schien nur zu bald durch jene Friedensanträge gerechtfertigt zu werden, welche zuletzt wir den Russen vollen Ernstes machten.

Die Nation war dem Optimismus verfallen!

— — — — — — — —

Richtiges Selbstvertrauen bedingt Erproben, Ausbilden und Stählen der eigenen Kraft ohne Unterlaß. Dieses treueften Verbündeten gewiß, treten wir jedem Feinde mit der Achtung, die ihm kraft seiner Fähigkeit, uns zu schaden, gebührt, aber ohne Furcht entgegen. Der Kampf findet uns gerüstet, die Gefahr geistesgegenwärtig, die Ungunst des Zufalls standhaft.

Optimismus verleitet zu träger Sorglosigkeit. Die eigene Kraft, uns selbst eine unbekannte Größe, wird überschätzt, der Feind verachtet. Unvorbereitet trifft uns der Kampf, rathlos die Gefahr, jede Glückeswendung ohne Tugend.

Doch vermag die unselige Herrschaft des Optimismus, vor allem die des national=politischen, nur dort sich zu behaupten wie zu entwickeln, wo graffirende Leichtgläubigkeit kein Ueberlegen, kein Prüfen mehr aufkommen läßt.

Dies vor Augen, — hättet ihr in der Katastrophe von Világos den ernsten Mahnruf an euer patrio= tisches Gewissen erkennen sollen, alles aufzubieten, damit dem Wahnglauben an europäische Umwälzungen in Ungarns speciellem Interesse seine Opfer Mann für Mann je eher wieder entrissen werden.

Einem Volke, das nicht geknechtet sein will, ge= nügt vollkommen die eigene Kraft, um alle Angriffe der List wie Gewalt auf seine Freiheit zu Schanden zu machen.

Die Protestanten in Ungarn mußten unmittelbar nach der Versöhnung von Villafranca (also ohne die geringste Aussicht auf irgendeine Unterstützung von außen) den augen= scheinlich ungleichen Kampf gegen eine Regierung auf= nehmen, welche — entschlossen, das letzte Reduit constitu= tioneller Freiheit in Ungarn (die protestantische Kirchen= verfassung) in Bresche zu legen — den wohlvorbereiteten

Angriff durch Oftentiren mit gewiſſenhafter Durchführung jüngſt verheißener freiſinniger Reformen maskirte.

Die Proteſtanten in Ungarn ſtanden allein im buch= ſtäblichſten Sinne des Worts; denn ſelbſt die Meinung ihrer Glaubensbrüder im außeröſterreichiſchen Deutſchland hatte ſich gegen ſie gekehrt. Aber ſie waren ſich ihres guten Rechtes wie ihrer Lage klar bewußt, und ebendieſer Umſtand allein genügte, den endlichen Sieg ihrer gerechten Sache in dem Augenblicke außer allen Zweifel zu ſtellen, in welchem ſie ſich dennoch zum Kampfe entſchloſſen.

Ihr lehrtet und lehrt noch heute:

„Die Waffenſtreckung von Világos war ein Act der Verrätherei.“

Eure Lehre iſt falſch, denn jene Kataſtrophe war nur der concrete, erſchütternd wahre Ausdruck der Situation.

Daß eure Irrlehre den Fluch der Bethörten über mein Haupt heraufbeſchworen, dünkt mich heute kaum mehr der Erwähnung werth. Beſſere Männer denn ich haben zu allen Zeiten gleich Arges erdulden müſſen.

Allein ihr habt — anſtatt dem Mahnrufe des 13. Aug. gewiſſenhaft zu folgen — durch fortgeſetztes Gaukelſpiel mit dem alten Apparat erdichteter Interventionen den entnerven= den kaum geborenen Meſſias=Glauben im Volke großgefüttert, hierdurch den national=politiſchen Optimismus potenzirt und ſo den Mangel an wahrem Selbſtvertrauen in der Nation vielleicht auf Generationen erblich gemacht.

Und das alles habt ihr an einem Volke verübt, dessen kriegerische Anstrengungen mir damals im Eifer des Kampfes und angesichts der ungeheuern Krise, von meinem soldatischen Standpunkte aus ungenügend erscheinen mochten, dessen beispiellose Standhaftigkeit während der unsaglichen Kriegsdrangsale gleichwol euch wahrlich kein Recht zu der Befürchtung gegeben, daß ihm ohne das Reizmittel eurer Erdichtungen (von Verräthereien, welche ich begangen haben soll) die Begeisterung fehlen könnte, mit welcher es den heiligen Kampf für Recht und Freiheit von der Wahlstatt, wo es unterlegen, später thatsächlich auf ein Feld übertrug, auf welchem ihm — bleibt es unter sich einig — der Sieg endlich unbestritten bleiben muß.

Schlußwort.

Ich wünsche, der geneigte Leser habe aus diesen Briefen die Ueberzeugung gewonnen, daß die Waffenstreckung an sich keine rettende That für Oesterreich sein konnte; die Vollziehung derselben vor den Russen aber geradezu ein Protest gegen jenes Oesterreich vom Jahre 1849 war, — der letzte Protest jener Männer, welche für die constitutionelle Freiheit Ungarns — und in ihrer Mehrheit nur für diese — bis zum Aeußersten gekämpft hatten.

Ich meinerseits bin durch jene Debatten, welche der Annahme des Entwurfes der constitutionellen Behandlung der gemeinsamen Angelegenheiten im ungarischen Unterhause vorangingen, zu der Ueberzeugung gelangt:

1) daß das durch die Pragmatische Sanction geschaffene Staatengebilde von den insgeheim immer noch fortwuchernden Folgen des von der traditionellen wiener Politik im Jahre 1848/49 angefachten Bürgerkrieges zu befreien voraussichtlich nur mehr so möglich ist, wenn der genannte Ent-

wurf auch auf dem linken Ufer der Leitha aufrich=
tige Annahme findet;

2) daß hierbei die seitens unsers Reichstages erfolgte
Annahme des Entwurfes das verfassungsmäßige Recht Un=
garns durchaus nicht beeinträchtigt; daß im Gegentheil:

3) dasselbe nebst gehöriger Garantie an Erweiterung
gewinnt, insofern der Grundsatz „nil de nobis sine nobis"
auch auf dem ihm bisher verschlossen gebliebenen Felde der
gleichwol schon bestandenen gemeinsamen Angelegen=
heiten zu rechtskräftiger Geltung gelangt; und endlich

4) daß auf diesem Wege auch Ungarns Einfluß
nach außen zunehmen wird, und dies zwar im allge=
meinsten Interesse der Volksfreiheit.

Viktring, 29. April 1867.

Druck von F. A. Brockhaus in Leipzig.

Von dem Verfasser erschien in demselben Verlage:

Mein Leben und Wirken in Ungarn
in den Jahren 1848 und 1849.
Zwei Bände. 8. Geh. 6 Thlr.

Diese mit rückhaltloser Freimüthigkeit aufgezeichneten Memoiren Görgei's bilden anerkanntermassen einen der wichtigsten Beiträge zur Geschichte der ungarischen Revolution. Sie geben eine lichtvolle Darstellung der militärischen und politischen Ereignisse jener denkwürdigen Zeit, in welchen der Verfasser eine so hervorragende Rolle gespielt, vom Ausbruch des Kampfes bis zur Waffenstreckung bei Világos. Auch alle geschichtlichen Documente von Werth, die in des Verfassers Besitz geblieben, werden darin theils dem Wortlaut nach, theils in sinngetreuer Uebertragung aus dem Ungarischen ins Deutsche mitgetheilt.

Verlag von F. A. Brockhaus in Leipzig.

Geschichte von Ungarn.
Von
Ignaz Aurelius Fessler.
Zweite vermehrte und verbesserte Auflage, bearbeitet von
Ernst Klein.
Mit einem Vorwort von Michael Horváth.
Gr. 8. In 16—20 Lieferungen zu je 20 Ngr.

Das in den Jahren 1812—25 erschienene Werk «Geschichten der Ungarn und ihrer Landsassen» von IGNAZ AURELIUS FESSLER, allgemein als die beste in deutscher Sprache geschriebene Geschichte Ungarns anerkannt, aber seit längerer Zeit gänzlich vergriffen, erscheint hier in zweiter Auflage, eingeführt durch den berühmten ungarischen Historiker und Staatsmann Michael Horváth. Um die weiteste Verbreitung zu ermöglichen, erfolgt die Ausgabe in Lieferungen zu je 20 Ngr.

Fünfundzwanzig Jahre
aus der Geschichte Ungarns
von 1823 bis 1848
von
Michael Horváth.
Aus dem Ungarischen übersetzt von Joseph Novelli.
Zwei Bände. Gr. 8. Geh. 5 Thlr.

Dieses zuerst in ungarischer Sprache erschienene Werk Michael Horváth's hat unter dessen Landsleuten ausserordentlich günstige Aufnahme und bereits in mehrern Tausend Exemplaren Verbreitung gefunden. Der Verfasser entwirft darin ein fesselndes, mit Freimuth und gründlichster Kenntniss der Verhältnisse ausgeführtes Bild von dem gesammten politischen Leben Ungarns während einer der wichtigsten Perioden seiner neuern Geschichte.

Druck von F. A. Brockhaus in Leipzig.